Nahrung für die Seele

Max F. Long

Weisheit der Kahunas

Nahrung für die Seele

Max F. Long

Weisheit der Kahunas

Verlag Hermann Bauer
Freiburg im Breisgau

Die Deutsche Bibliothek – CIP-Einheitsaufnahme

Long, Max Freedom:
Weisheit der Kahunas / Max F. Long.
[Hrsg. von Richard Reschika]. – 1. Aufl. –
Freiburg im Breisgau : Bauer, 1999
(Nahrung für die Seele)
ISBN 3-7626-0743-5

Herausgegeben von Richard Reschika

1. Auflage 1999
ISBN 3-7626-0743-5

Einband: Ralph Höllrigl, Freiburg i. Br.,
Satz: Fotosetzerei G. Scheydecker, Freiburg i. Br.
Druck und Bindung:
Freiburger Graphische Betriebe, Freiburg i. Br.

Inhalt

Wiederentdeckung einer uralten Wissenschaft

Jahrhundertelang waren die hawaiischen Inseln vom Rest der bekannten Welt isoliert geblieben, bis Captain Cook sie 1778 entdeckte. Die Einwohner waren Menschen von hoher Intelligenz. Sie waren aus anderen Ländern weither über den Pazifischen Ozean gekommen, und die Legende erzählt, sie seien dabei in Ausleger-Kanus gesegelt und die Kenntnis der Gestirne habe sie den Weg finden lassen. Ihre ursprüngliche Heimat konnte nicht sicher nachgewiesen werden. Einige Geschichtsforscher glauben festgestellt zu haben, daß sie aus dem Nahen Osten kamen und von dort über Indien nach Hawaii gelangten.

Die Polynesier orientierten sich wenig an der technisch-mechanischen Welt. Sie konnten weder spinnen noch weben; sie kannten weder Töpferei noch Korbflechterei. Aus nassen Rindenstreifen stellten sie durch Klopfen eine Art Papiertuch her, und ihre Gefäße fertigten sie aus den Schalen von Flaschenkürbissen oder anderen Früchten. Aus zusammengezwirnten Fasersträngen machten sie einfache Netze, um zu fischen und Gefäße darin zu tragen, und Schnüre benutzten sie, um Vögel und Landtiere zu fangen. Ihre Messer und Äxte bestanden aus Muschelschalen und scharfkantigen Steinen. Sie kannten und benutzten das Feuer. Als Häuser dienten ihnen strohbedeckte Holzgestelle. Und als die neue Zeit anbrach und die Hawaiianer der Moderne gegenüberstanden, wandelten sie sich in einer einzigen Generation zu einem Volk, das die Errungenschaften der modernen Zivilisationen übernahm und sich zunutze zu machen verstand.

Das besondere Talent des Volkes lag in einem selten tiefen Verständnis für die Natur und den Aufbau des menschlichen Bewußtseins. Die Kahunas – hawaiische Priester und Magier der alten Zeit – hatten erstaunliche Beweise ihrer Macht und ihrer Fähigkeiten gegeben, trotzdem wurden ihr Glaube und ihre Arbeit von den Anthropologen als Aberglauben abgetan. Die christlichen Missionare, die 1820 nach Hawaii kamen, mißbilligten die Wundertaten der Eingeborenen und setzten alles daran, den Glauben der Kahunas auszurotten. Die Kahunas hielten ihr Wissen geheim und schützten es mit aller Sorgfalt. Der alte Ausdruck *kahuna* ist auch heute noch gebräuchlich und bedeutet »Hüter des Geheimnisses«.

Die Entschlüsselung des Geheimnisses begann, als ich erkannte, daß sich unter dem Deckmantel der Alltagssprache eine »Heilige Sprache« verbarg: Anhand des hawaiischen Wörterbuches überprüfte ich alle Wörter, die irgendwie mit der mentalen oder spirituellen Natur des Menschen zu tun hatten. Ich stieß auf solche Wörter.

Zu meiner Überraschung bezeichneten sie unmißverständlich »Teile der Persönlichkeit«, wie wir sie aus der modernen Psychologie kennen. Sie bezeichneten und beschrieben das Unterbewußtsein und das Bewußtsein; sie bezeichneten sogar das Überbewußte, das nur die Religion als spirituellen Teil des Menschen anerkennt. Für das, was wir »Moral« nennen, gab es ein ganzes Dutzend von Wörtern, um die feineren Abstufungen zu unterscheiden. Nach und nach zeigte sich, daß die Kahunas bereits ein sehr tiefes Verständnis von der Arbeit des menschlichen Geistes hatten.

So ist z.B. die Übersetzung für Unterbewußtsein *unihipili*. Dieses Wort fiel mir auf, weil eine seiner drei Bedeutungen einen »Geist« bezeichnet, während die beiden anderen »Heuschrecke« bzw. »Bein- und Armknochen« bezeichnen. Das lange Wort setzt sich aus verschiedenen kurzen Wurzelwörtchen zusammen, und diese haben wieder verschiedene Bedeutungen. Mehrere von ihnen scheinen nichts mit einem Geist zu tun zu haben, und doch beschreiben sie – alle zusammen – das Unterbewußte so treffend, daß jeder, der mit den modernen Erkenntnissen der Psychologie vertraut ist, geradezu darauf gestoßen wird, daß hier das Unterbewußtsein beschrieben wird. Die Wurzelwörtchen charakterisieren das Unterbewußtsein als einen »Geist«, der Dinge tut, von denen das bewußte Selbst nichts weiß. Das Unterbewußtsein ist geheimnisvoll; es arbeitet still und sorgfältig; es kommt vor, daß es sich weigert zu tun, was es tun sollte; Furcht vor Strafe kann es an seiner Tätigkeit hindern (Wurzelwort *nihi*); es ist ein Geistwesen, das einem anderen – im Normalfall dem bewußten Selbst – eng anhaftet; oft ist es eigensinnig und verweigert Gehorsam; es lebt im physischen Körper und verbirgt Dinge (z.B. den Komplex).

Es offenbart sich die Tatsache, daß die Kahunas bereits drei »Teile des Geistes« kannten und in ihnen drei verschiedene Wesenheiten oder Selbste erblickten: niederes (Unterbewußtsein), mittleres (Bewußtsein) und Hohes Selbst. Geduldige Arbeiten führten mich zur Entdeckung, daß nach dem Glauben der Kahunas jedes der drei Selbste in einem eigenen unsichtbaren Schattenkörper lebt, den man nach den uns heute geläufigen Ausdrücken als »ätherischen Doppelgänger der drei Selbste« bezeichnen könnte. Ich habe hierfür den hawaiischen Ausdruck Aka-Körper beibehalten. *mana* bezeichnet die Vitalkraft, die Lebenskraft, auf der die Tätigkeit aller drei Selbste beruht. Diese Zusammenhänge sollen später genauer und eingehender erklärt werden.

Des Menschen Streben muß es sein, seine drei Selbste verstehen zu lernen und in Erfahrung zu bringen, wie sie zu harmonischer Zusammenarbeit gebracht werden können. Erst dann kann der Mensch zur Ganzheit und Größe gelangen und zu dem werden, wozu er angelegt ist. Dieses vorliegende Büchlein zeigt Wege zu verborgenen Kraftquellen und dem fast schon verlorengegangenen Wissen um eine weise Lebensführung.

Die unglaubliche Kraft in der Magie

Das »Geheimnis«, der Kern der Lehre, die von einem Magier zum anderen weitergegeben wurde, kann im wesentlichen als psycho-religiöses System bezeichnet werden. Das rein religiöse Element ist als gering zu veranschlagen, besonders, wenn wir von der Definition der Religion im modernen Sinne ausgehen: Magie ist eine besondere Art Wechselbeziehung zwischen begrenzten Kräften; Religion ist die menschliche Beziehung zur unbegrenzten

Kraft, zum unbegrenzt Großen und Hohen. Magie ist die Ausübung innerer Kräfte, Religion dagegen die Unterwerfung unter die transzendente Macht.

Alle Religionen sind mit Magie durchsetzt. Das Gebet ist Magie. Alles, was wir tun, um in diesem oder im nächsten Leben für uns Vorteile zu erwirken, gehört zum Bereich der Magie. Durch Magie erlangen wir etwas aus übersinnlichen Bereichen. Religion dagegen ist Verehrung eines Höchsten Seins und die bedingungslose Annahme dessen, was Es uns gibt, sei es erfreulich oder unerfreulich.

Nach der Lehre der Kahunas ist das menschliche Begriffsvermögen unfähig, Bewußtseinsformen zu verstehen, die der eigenen nicht entsprechen und ihr überlegen sind. Sie hielten daher alle menschlichen Bemühungen, sich ein endgültiges, ultimatives, oberstes göttliches Wesen auszumalen und vorzustellen, für nutzlos. Dennoch waren sie von der Existenz eines Höchsten Schöpferischen Seins überzeugt.

In gewisser Weise bedeutet uns die unsichtbare Welt der Geister und spirituellen Wesen etwa dasselbe, was dem Fisch im Meere unsere Welt bedeutet. Der Fisch ist sich der Welt außerhalb seines wäßrigen Bereiches kaum bewußt. In dem Grade aber, wie wir auf den Stufen der Intelligenz höher steigen, können wir, die wir der Erde und der Luft entstammen, den Fisch in der Tiefe des Wassers verstehen, obgleich wir die Tiefen, in denen er lebt, nicht als Lebensplatz mit ihm teilen können.

Die Kahunas nahmen an, daß sich oberhalb wie unterhalb der menschlichen Bewußtseinsebene viele weitere Bewußtseinsebenen schichten. Sie brachten aber den meisten dieser Ebenen wenig Beachtung entgegen. Ausgenommen war nur die Ebene, die direkt oberhalb der menschlichen liegt. Auf dieser Ebene wohnt das, was wir als »Hohes Selbst« bezeichnen können. Man sah Es als Teil des eigenen Selbst an. Man brachte Ihm keine Opfer dar. Man versuchte nicht, Es zu bestechen. Es hingegen erteilte den niederen Selbsten nicht etwa Befehle, sondern es herrschte zwischen ihnen ein Verhältnis gegenseitiger Liebe und gegenseitigen Vertrauens, also die gleiche Beziehung, wie sie normalerweise zwischen Eltern und Kindern besteht.

Wegen dieser, auf klarem Denken beruhenden, Einstellung blieben die Kahunas immer einfach und frei von menschlichen Dogmen. Dieses praktische und wirksame System, das der Magie der Kahunas zugrunde lag, ließ bei ihnen kein Bedürfnis nach philosophischen Erörterungen aufkommen. Sie hatten keinen Erlöser, keine Erlösung, weder Himmel noch Hölle. Sie hatten keine religiösen Offenbarungen durch Bücher, in denen geschrieben steht: »So spricht Gott ...«

Das beste Beispiel für eine wirksame HUNA-Magie ist das Barfußgehen über glühende Kohlen. Obgleich nur wenige von uns den Ehrgeiz haben dürften, selbst durchs Feuer zu schreiten, ist dieser uralte Ritus von großer Bedeutung, weil er offensichtlich die Tatsache beweist, daß es eine magische Kraft gibt, die in Aktion gesetzt werden kann, wenn man die Methoden ihrer Anwendung beherrscht.

Der überbewußte Teil unseres Wesens spielt bei der Erteilung von Immunität gegenüber Feuer die wesentliche Rolle. Die Kraft, deren Er sich bei Seiner Arbeit bedient, wird von den Kahunas »Mana« genannt, und ist uns als Vitalkraft bekannt. Sie scheint elektrischer Natur zu sein und zeigt starke magnetische Eigenschaften. Sie kannten die Kraft als etwas, das bei allen Denkprozessen und allen Arten körperlicher Tätigkeit mitwirkt. Es war die Essenz des

Lebens überhaupt. Die drei Kennzeichen: Bewußtsein, Kraft und unsichtbare Substanz geben uns zugleich die Maßstäbe, mit denen wir alle Magie messen können.

Bekanntschaft mit dem niederen Selbst

Die Kahunas nahmen an, daß überall, wo sich auf der Welt Bewußtsein irgendwelcher Form auf irgendeiner Ebene äußert, Evolution herrscht, daß das niedere Selbst – wie das mittlere und das Hohe Selbst – durch Evolution aus tieferen Ebenen aufgestiegen ist. Die Geistigkeit des niederen Selbst ist sehr begrenzt; das mittlere Selbst hat sich zu bedeutend höherer Urteilskraft empor entwickelt, während die noch viel höher entwickelte Geistigkeit des Hohen

Selbst die menschliche Gedächtnis- und Urteilsfähigkeit in so hohem Grade überragt, daß unsere Erkenntnis es nicht zu fassen vermag.

Wenn ich vom niederen Selbst rede, so ist damit natürlich keineswegs gemeint, daß das Unterbewußtsein in einem geringschätzigen, abwertenden Sinne niedrig ist. Es soll vielmehr lediglich zum Ausdruck gebracht werden, daß das niedere Selbst unter den drei Selbsten des Menschen auf der Stufenleiter des Wachstums und der Evolution am niedrigsten steht.

Offensichtlich betrachteten die Kahunas das niedere Selbst als etwas, das man unter allen Umständen verstehen muß: Es ist ein ebenso selbständiges, bewußtes Geistwesen wie das mittlere und Hohe Selbst. Es ist der

Diener der beiden anderen Selbste und mit dem mittleren Selbst verbunden; es hängt an ihm, als wären sie beide Teile eines gemeinsamen aus ihnen »zusammengeklebten« Ganzen. Das niedere Selbst steuert die Gesamtheit der vielfältigen Prozesse des physischen Körpers. Es durchdringt und erfüllt jede Zelle, jedes Gewebeteilchen des Körpers und Gehirns; Liebe, Haß und Furcht kommen als Emotionen aus dem niederen Selbst; sie können so stark werden, daß sie den Willen des mittleren Selbst überschwemmen, daß sie das mittlere Selbst in den Strudel der Emotionen und der dadurch ausgelösten Reaktionen hineinziehen. Das Verständnis dieser Zusammenhänge ist von großer Wichtigkeit, denn allzuoft werden wir von den Emotionen unseres niederen Selbst einfach mitgerissen und in die Irre geführt.

Es empfängt die sensorischen Eindrücke der fünf Sinnesorgane und präsentiert sie dem mittleren Selbst zur Auswertung. (Das mittlere Selbst besitzt Urteilskraft; es weiß die dargebotenen Eindrücke zu verwerten und gibt dementsprechend seine Befehle, wenn Handlungen erforderlich werden.) Das niedere Selbst registriert alle Eindrücke und Gedanken. Man kann vielleicht sagen, daß es aus der Aka-Substanz seines Schattenkörpers winzige Formen herstellt, so etwa, wie man einen Ton auf einer Schallplatte oder Worte auf Papier aufzeichnet. Klänge, visuelle Eindrücke, Gedanken und Worte kommen in »Gruppen«, die aus vielen miteinander zusammenhängenden Einzelimpressionen bestehen. Die Kahunas symbolisierten sie als Trauben kleiner, runder Gebilde, so wie etwa Weintrauben oder Beeren.

Aufgabe des mittleren Selbst ist es, das niedere Selbst zu belehren und zu führen, es so schnell wie möglich auf seinem evolutiven Entwicklungsweg voranzubringen und ihm zu helfen, seine animalische Natur mehr und mehr abzulegen.

Sofern man die Existenz des niederen Selbst und die Möglichkeit glaubt, mit ihm in Verbindung kommen zu können, kann man wie folgt verfahren: Setzen Sie sich an einen ruhigen Platz, und laden Sie das niedere Selbst ein, sich bemerkbar zu machen. Sprechen Sie, wenn möglich, laut mit ihm, und warten Sie geduldig ab, ob sich im gemeinsamen Bewußtseinszentrum der beiden Selbste bestimmte Eindrücke einstellen. Vielleicht schickt es aus eigenem Antrieb einen Gedanken, vielleicht aber wartet es auch, weil es nicht recht weiß, was man von ihm will; dann hofft es auf einen Gedanken-Befehl, der ihm sagt, was es bei der neuen Sache zu tun hat.

Sagen Sie dem niederen Selbst, daß Sie es besser kennenlernen möchten, daß es nett sei, miteinander zu spielen; das niedere Selbst ähnelt oft einem Kind: Es kann – je nach seiner Art – launig, gescheit, zuvorkommend, willig, eigensinnig oder eifrig sein. Machen Sie ihm den Vorschlag, daß Sie es z. B. nach bestimmten Erinnerungen fragen wollen und es sich bemühen soll, sie so schnell wie möglich hervorzubringen.

Es ist überraschend, wie schnell man sich bei solchen Übungen in einer eigenartig innerlichen Weise der Existenz und Persönlichkeit des niederen Selbst bewußt wird. Es entwickelt sich ein Kameradschaftsgeist und eine neue Bewußtheit, die nie zuvor bestand. Indem man mit der Zeit immer klarer erkennt, daß alle mit den Erinnerungen verknüpften Emotionen vom niederen Selbst in Gang gebracht werden müssen, löst man sich mehr und mehr von diesen Emotionen. Man beobachtet interessiert, wie sie vibrieren und summen und schäumen – doch man läßt sich nicht mehr von ihnen überfluten.

Es lohnt sich, mehr und mehr die Fähigkeit zu entwickeln, sich abseits zu stellen und als gelassener Richter zuzusehen, wenn das niedere Selbst von Ereignissen tief bewegt wird. Die schädlichen Wellen der Grübelei und nagender Sorgen, die immer wiederkehren und oft gerade dann auftreten, wenn man Schlaf und Ruhe nötig hätte, lassen sich deshalb so schwer vermeiden, weil sie oft ganz unerwartet zur Flut anschwellen. Mit zunehmender Übung aber können sie im Augenblick des Entstehens umgangen werden, indem man dem niederen Selbst als Ersatz eine aufbauende und positive Gedankenrichtung an die Hand gibt.

Entwicklung der latenten Fähigkeiten des niederen Selbst

Die dem niederen Selbst von Natur aus eigenen Fähigkeiten können wie folgt beschrieben werden:

1. Die Fähigkeit, Ausstrahlungen von Dingen, Objekten oder Substanzen zu spüren, und zwar Strahlungen einer Art, wie sie von den normalen Sinnesorganen – mit denen wir sehen, hören, schmekken, tasten und Temperatur empfinden – nicht wahrgenommen werden.

2. Die Fähigkeit, an Personen und Gegenstände, mit denen bereits einmal Kontakt aufgenommen wurde, einen unsichtbaren Faden aus der Aka- oder Ektoplasma-Substanz des Schattenkörpers des niederen Selbst zu heften. Was damit gemeint ist, erkennt man, wenn man z.B. Fliegenleim mit dem Finger berührt und diesen wegzieht. Es zieht sich dann ein dünner Faden der klebrigen Masse heraus, und dieser Faden verbindet den Finger mit dem Fliegenpapier. Kontakt können wir mit Dingen, Gegenständen oder Personen gewinnen, indem wir sie berühren, sehen oder hören. Ist einmal ein solcher Kontakt hergestellt, so bleibt dieser Faden mehr oder weniger bestehen; er haftet

im Bereich des Solarplexus an. Es ist eine der charakteristischen Fähigkeiten des niederen Selbst, daß es Aka-Körpersubstanz austreten lassen kann (wir sprechen bei diesem Austreten von der Bildung eines Aka-»Fingers«). Entsteht nun ein Kontaktfaden, so kann das niedere Selbst diesem Aka-Finger folgen und mit dem Gegenstand oder der Person am anderen Ende des Fadens wiederum vollen Kontakt aufnehmen. Jedesmal, wenn der Faden zu einem neuen Kontakt benutzt wird, wird er stärker und haltbarer, und es wird leichter, ihm zu folgen.

Die Schachtel-Experimente sind hierzu eine hilfreiche Übung: Man beschafft sich z.B.

einen Satz Pillenschachteln beliebiger Form oder Größe; wichtig ist nur, daß alle Schachteln völlig gleich sind. Dann wählt man sechs beliebige kleine Gegenstände verschiedener Art, z.B. Knöpfe, Schlüssel, etwas, was man gerade zur Hand hat. In jede Schachtel legt man einen der Gegenstände; die Schachteln werden verschlossen und auf den Tisch gelegt. Mit geschlossenen Augen verschiebt man dann die Schachteln gegeneinander, so daß man unmöglich wissen kann, welcher Gegenstand in welcher Schachtel ist. Nun bittet man das niedere Selbst, einen Aka-Finger durch die Schachtel zu stecken und festzustellen, was in jeder Schachtel drin ist. Man kann dem niederen Selbst erklären, daß es schon beim Anfassen und Einlegen der Gegenstände

Aka-Fäden an sie geheftet habe und daß es mit dem Aka-Finger jeweils dem Faden bis zum Gegenstand in der Schachtel zu folgen brauche und ihn so leicht finden könne. Die gewonnenen Eindrücke sollen dem mittleren Selbst übermittelt werden.

Wir sehen bei diesem Experiment, wie das niedere Selbst einen Aka-Finger längs eines Aka-Fadens aussendet, um Informationen einzuholen. Bei der Telepathie kommt noch etwas Neues hinzu: Zwischen telepathisch verbundenen Menschen fließt Mana längs des Aka-Fadens. Die unsichtbaren Aka-Fäden oder -schnüre sind etwa Telefondrähten vergleichbar, über die Mitteilungen gesandt werden. Wie der elektrische Strom durch die Drähte fließt, so fließt Mana über die Fäden; und wie der Telefondraht symbolische Mitteilungen zum Empfänger trägt, so tragen die Aka-Fäden auf dem sie durchfließenden Manastrom Trauben mikroskopisch kleiner Gedankenformen. Werden sie am Ende des Fadens von einem niederen Selbst aufgenommen, so bewirken sie spezifische, der Mitteilung entsprechende, mentale Eindrücke. Sie werden vom niederen Selbst des Empfängers an dessen mittleres Selbst gegeben und erwecken in ihm Eindrücke, die fast wie Erinnerungen empfunden werden, etwa so, als ob einem »etwas in den Sinn kommt«.

Die Telepathie zeigt, daß der Aka-Faden ein idealer lebender Ersatz für einen Draht ist und daß Mana längs eines solchen Verbindungsfadens ebenso leicht um die ganze

Welt wie quer durch ein Zimmer zu fließen vermag. Personen, die mit telepathischen Experimenten beginnen, tun gut daran, in der ersten Zeit dieser Versuche nahe beieinander zu bleiben. Später können sie dann versuchen, größere Entfernungen zu überbrücken. Einer sendet jeweils die Gedankenformen, der andere ist der Empfänger; die Rollen werden dann während der Übung von Zeit zu Zeit vertauscht.

Alle Übungen, die der Entwicklung der natürlichen telepathischen Anlage des niederen Selbst dienen, sind wertvoll; denn aus ihnen lernt man, wie man das niedere Selbst veranlaßt, Aka-Fäden zu anderen Personen oder Dingen zu folgen. Dieselbe Methode muß man beherrschen, wenn man mit dem eigenen Hohen Selbst in Kontakt kommen und Ihm Mitteilungen oder Gebete zusenden möchte.

Soweit uns heute bekannt ist, scheinen die verbindenden Fäden in der Gegend des Solarplexus des Aka-Körpers, nicht also des physischen Körpers, anzuhaften. Von dieser Stelle verlaufen sie in die verschiedensten Richtungen. Es ergeben sich immer mehr Beweise dafür, daß während unseres ganzen Lebens sehr starke Aka-Fäden von der Solarplexus-Gegend ausgehend längs der Wirbelsäule verlaufen und aus dem Haupte austreten. Diese Schnur ist das natürliche Bindeglied zwischen dem niederen und dem Hohen Selbst.

Mana und seine Hochaufladung

Der Totempfahl der nordamerikanischen Eingeborenen ist eines der schönsten Symbole für die drei Selbste des Menschen und die von ihnen benutzte Mana- oder Lebenskraft.

Die Mittelsäule des Totempfahls besteht aus mehreren übereinander angeordneten Figuren. In vielen Fällen stehen die zwei unteren Figuren auf einem Tier; beide sind eng miteinander verbunden. Eine sitzt oft auf der Schulter einer anderen, und ihre

Beine sind mit den Armen der tragenden Figur verschränkt. Die beiden sind ein schönes Symbol für das Verhältnis des niederen zum mittleren Selbst. Auch sie sind eng miteinander verbunden, und das mittlere Selbst steht auf der Stufenleiter der Evolution schon weit über der tierischen Welt (die durch das Tier am Fuße der Säule symbolisiert wird). Noch weiter oben – und nur selten eng mit den anderen Figuren verbunden – sieht man oft eine Gestalt, die ihre Flügel ausbreitet. Sie ist eine geradezu ideale Dartstellung des Schutzengels oder des Hohen Selbst, dessen Symbol ein Vogel ist. Der Mittelstamm des Totempfahles, aus dem die Figuren herausgeschnitzt sind, kann als Sinnbild des lebenswichtigen Manas angesehen werden.

Das niedere Selbst erzeugt dieses Mana aus der pflanzlichen oder tierischen Nahrung, die wir essen, und der Luft, die wir atmen, und speichert es in seinem Aka-Körper; doch haben das mittlere und das Hohe Selbst daran teil.

Das als Lebensenergie des mittleren Selbst gebrauchte Mana wird in einer uns unbekannten subtilen Weise umgewandelt. Die Kahunas der alten Zeiten symbolisierten das durch die Aufspaltung des ursprünglichen Manas in zwei Arten. Die abgespaltete, veränderbare Form nannten sie »Mana-Mana« und deuteten durch die Wortdoppelung an, daß dieses Mana doppelte Kraft besitzt, damit das mittlere Selbst sie einsetzen kann, um das niedere Selbst unter Kontrolle zu halten und es zu beherrschen. Das ist die Kraft, die die modernen Psychologen verschwommen als »Willen« bezeichnen. Diese Kraft sollte jederzeit stark genug sein, das niedere Selbst zu zwingen, unseren Befehlen zu gehorchen. Wie leicht einzusehen ist, kommt diese »Willens«-Kraft aber nur selten ganz zum Ausdruck, und das führt dazu, daß den meisten von uns das niedere Selbst häufig aus der Hand gleitet.

Durch gewisse Übungen kann man eine besonders starke Vitalkraft-Aufladung bewirken. Solche Hochaufladungen mit Mana sind manchmal von größtem Wert, besonders wenn es gilt, andere oder sich selbst zu heilen oder ein Gebet von großer Realisationskraft darzubringen.

Nach Ansicht der Kahunas kann der

Mensch seine normale, aus Nahrung und Luft gewonnene Mana-Menge vergrößern, indem er den Extraktionsprozeß durch geistige Einwirkung beschleunigt. Unsere Physiologen stützen diese Theorie. Sie fanden heraus, daß bei der Verdauung die Nahrung nicht sofort ganz verbraucht, sondern in Glykogen oder Blutzucker überführt wird. Bei dessen Oxydation durch den eingeatmeten Sauerstoff erhalten wir genau die Menge an Kraft und Stärke, die wir jeweils für unsere zu verrichtenden Arbeiten benötigen. Stimmt das aber – und wir haben keinen Grund, die Ergebnisse anzuzweifeln –, so kann das niedere Selbst, das ja diese Umsetzungen kontrolliert, jederzeit durch verstärkte Atmung dafür sorgen, daß mehr Blutzucker verbrannt und mehr von dieser chemisch erzeugten Kraft (Mana) produziert wird.

Das Interessanteste am Mana ist, daß es zu leben und über eine Art eigener Intelligenz zu verfügen scheint. In Wirklichkeit ist das allerdings nicht der Fall; es kann nämlich nur wirken, wenn es Aka-Substanz auflädt oder vitalisiert, z. B. einen ausgestreckten Aka-Finger; und das intelligente Bewußtsein, das sich in ihm zu äußern scheint, gehört in Wirklichkeit dem niederen Selbst, das die Ausstreckung des Fingers und alles, was damit geschehen soll, von sich bewirkt.

Bei der Hochaufladung von Mana gehen wir folgendermaßen vor: Wir erklären dem niederen Selbst, daß mehr Nahrung im Blutstrom zu verbrennen und die Menge an verfügbarer Vitalkraft wesentlich zu erhöhen ist. Während wir darauf warten, daß das niedere Selbst seine Arbeit aufnimmt, können wir ein paar Freiübungen machen, um tieferes, kräftiges Atmen zu erreichen und die automatische Entwicklung eines zusätzlichen Mana-Quantums einzuleiten: Man steht aufrecht, mit den Füßen ziemlich dicht zusammen, und »schaufelt« Luft mit weit gespreizten Fingern. Dabei stellt man sich zunächst auf die Zehenspitzen und beginnt, so hoch man reichen kann; dann reicht man – unter gleichzeitigem Vorbeugen des Körpers – in weitausladende Kreisbewegungen seitlich über die Knöchel hinweg und endet damit, daß die Hände von hinten her im Bogen hochgeschwungen werden. Der Schwingungsbogen beträgt etwa drei Viertel eines vollen Kreises. Am Ende jeder Kreisbewegung werden Arme und Hände einen Augenblick entspannt, bevor sie – unter Streckung des Körpers – wieder zur Ausgangsstellung emporgehoben werden. Indem man die Übung mehrere Male kräftig durchführt, hält man das mentale Bild fest, daß sich ein Überschuß an Lebenskraft im Körper ansammelt. Jeder Schwung wird mit der Formel gekoppelt: »Nun lade ich mich mit Mana auf.« Hat das niedere Selbst seine Kunst einmal gelernt, so spricht es auch bereits auf eine mentale Aufforderung des mittleren Selbst an.

Die Kahunas symbolisierten das Mana durch Wasser. Wollten sie sich besonders stark aufladen, so atmeten sie tief und stellten sich vor, wie das Mana – gleich Wasser einer Quelle – höher und höher stieg, bis es zum Überlaufen kam. Den Körper dachten sie als Quelle und das Mana als Wasser. In diesem Zustand konnten sie Wurfstöcke mit starken Mana-Ladungen versehen. Die Stöcke wurden über die Köpfe der kämpfenden Krieger hinweggeworfen, und der davon getroffene Feind sank bewußtlos zu Boden.

Mana ist tatsächlich eine Lebenskraft. Mit ihr verläuft das Leben stark; ohne Mana sinkt es ab zur Stufe des Vegetierens. Sinkt das Lebenskraftniveau tief ab, so fällt das Opfer in einen Zustand dauernder Kränklichkeit und Depression. Man kann die Substanz seines Aka-Körpers weder erhöhen noch verlieren; man kann aber mit sehr günstigem Ergebnis den Vitalkraft-

Pegel erhöhen, wenn er zu niedrig ist oder wenn man zu bestimmten Zwecken mehr Mana benötigt. Umgekehrt aber kann man Mana verlieren und durch dessen Verlust in zunehmendem Maße leiden. Der Totalverlust an Mana hat den Tod zur Folge.

Das aber ist der wichtigste Punkt über das Mana: Gelingt es uns, eine Hochaufladung an Mana zu bewirken, so sind wir – mit der Hilfe des Hohen Selbst – imstande, segensreiche Wirkungen zu vollbringen, angefangen von einfachen Heilungen bis zu großartigen Veränderungen an körperlichen Geweben und sogar am Schicksalsgeflecht unserer Zukunft.

Das Hohe Selbst

Die Kahunas glaubten an eine dritte und höchste Bewußtseinsform im Menschen, und im Kontakt mit ihr bewirkten sie ihre wunderbaren Taten. Der Einfachheit halber wollen wir sie das »Hohe Selbst« nennen. Wie das niedere und mittlere, so ist auch das Hohe Selbst ein Geistwesen. In Seinem Körper aus Aka-Substanz lebt Es außerhalb des physischen Körpers; Es kann nahe bei ihm, aber auch weit von ihm entfernt sein.

Die Kahunas nannten das Hohe Selbst *aumakua*, was soviel bedeutet wie »Elterlicher Geist« oder »Vater-Gott«. Daß man damit keinen Vater im normalen Sinne meinte, zeigt das Wurzelwort *au*, was »älter« im Sinne von völlig erwachsen, völlig entwickelt und überlegen an Kraft, Weisheit und Vertrauenswürdigkeit bedeutet. *Au* ist auch »eine Schnur«, in diesem Fall die Aka-Schnur, die das Hohe Selbst mit dem unteren Selbst-Paar verbindet.

Das Wurzelwort *au* bedeutet ferner »eine geistige Wirkung« und »ein Fluß oder Strom«, wie im Meer. Dadurch wird angedeutet, daß das Hohe Selbst zur Verwirklichung unserer Gebete Seine geistige Kraft einsetzt – daß Es aber gleichzeitig einen Zustrom an Mana benötigt. *makua* bedeutet »Vater« (Elternteil) und das Wurzelwort *ma* »begleiten«. Damit wird auf die Tatsache hingewiesen, daß Es das niedere und mittlere Selbst als Führer durch das Leben begleitet. Ein weiterer Sinn des gleichen Wurzelwortes ist »verfestigen«.

Das bringt uns nun zu einem der interessantesten Anschauungen der HUNA-Lehre: Alle Umstände und Begebenheiten, um die der Mensch das Hohe Selbst im Gebet bittet, müssen zuerst vom Hohen Selbst aus unsichtbarer Aka-Substanz vorgeformt werden (das Hohe Selbst verfügt über die dazu nötige Kenntnis und hat – falls Ihm die unteren Selbste täglich Mana spenden – auch die erforderliche Kraft dazu). In den so geschaffenen Formen wird die physische Substanz »verfestigt«

oder »materialisiert«. Nach beendetem »Verfestigungsvorgang« treten dann die erbetenen Umstände oder Begebenheiten als Tatsachen auf der physischen Ebene in Erscheinung.

Jede Lebensform – sei sie noch so einfach oder selbst mikroskopisch klein – zeigt einwandfrei, daß ein Bewußtsein sie leitet und daß sie soviel Lebenskraft besitzt, wie sie zur Erfüllung ihrer Aufgaben braucht. Hört man aber beim Menschen auf und macht von der Ebene seiner geringen geistigen und physischen Kraft einen unvorstellbar großen Sprung zum Höchsten Schöpfer des Universums, so läßt sich das nicht mehr mit dem vereinbaren, was wir überall um uns herum beobachten: Mit der sich Schritt für Schritt und ganz ordnungsgemäß vollziehenden Evolution zu immer höheren Ebenen. Daß es überhaupt zu einer so vernunftwidrigen Auffassung kommen konnte, liegt zum Teil darin begründet, daß die Ebenen oberhalb des physischen Menschen für das physische Auge nicht sichtbar sind.

Die Kahunas lehrten, daß alle Gebete zuerst zum Hohen Selbst gehen müssen, weil ja unsere Aka-Schnur nur bis zu Ihm reicht und uns mit höheren Wesenheiten nicht in Kontakt bringen kann. Man glaubte allerdings, das Hohe Selbst werde, wenn Es einen Gebetswunsch nicht selbst verwirklichen könne, von Sich aus das Gebet an höhere Wesenheiten weiterleiten. Ferner existieren die Hohen Selbste nicht als »Einzelgänger«. So bilden vielmehr in enger

Freundschaft und Liebe das Hohe *poe aumakua*, die »Große Gesellschaft der Aumakuas«, und Sie sind stets bestrebt, sich mit allen Kräften einzusetzen, um den anderen Hohen Selbsten sowie den Ihnen anvertrauten unteren Selbsten oder physischen Menschen zu helfen.

Das Hohe Selbst ist uns Führer und Beschützer, wenn wir nur unsere beiden unteren Selbste öffnen und Ihm erlauben, Seine natürliche Rolle im Leben auf dieser Ebene zu spielen.

Im HUNA-System gibt es nur eine große Sünde, die man bewußt begehen kann: EINEN ANDEREN SCHÄDIGEN. Wenn man das Hohe Selbst als »Äußerst Vertrauenswürdiges Elterliches Selbst« bezeichnete, so war dafür eine Erkenntnis mit ausschlaggebend: Das Hohe Selbst drängt sich nie in die Tätigkeit der beiden unteren Selbste, Es beraubt sie nie ihres »freien Willens«, den sie als göttliches Erbteil und Geburtsrecht besitzen. Es ist des Menschen Privileg, durch Erfahrung zu lernen, und es muß ihm zugestanden werden, seine Hände im Leben zu gebrauchen, wie er will und ohne Einmischung des »älteren und weiseren Hohen Selbst«. Natürlich kann das dazu führen, daß man den harten, steinigen Weg durch bitterste Erfahrungen gehen lernen muß.

Manche Menschen haben das »intuitive Wissen«, daß ein Hohes Selbst existiert. Intuitives Wissen aber gilt nur für den, der es hat; es läßt sich nicht auf andere übertragen. Man kann nur seiner Überzeugung

Ausdruck geben, daß man die innerlich empfundene Intuition für wahr und wirklich hält. Dem anderen aber steht es frei, diese Aussage anzunehmen oder abzulehnen.

Die größte Entdeckung im Leben eines Menschen ist die Feststellung, daß es ein Hohes Selbst gibt; die zweitgrößte ist es, zu erfahren, wie man mit Ihm zusammenarbeiten und Seine Hilfe erlangen kann. Im normalen Leben leitet und führt uns das Hohe Selbst automatisch und gewissermaßen von hinter den Kulissen, selbst wenn man sich dessen gar nicht bewußt wird. Die Dinge »geschehen« einfach richtig; Schwierigkeiten werden vermieden, und das Leben verläuft glatt, glücklich und erfolgreich. Man dient anderen und empfängt Glück, das der Hilfe entspricht, die man andern gibt. Gleichzeitig entwickelt man sich. Das niedere Selbst wird geschult und lernt schnell, sich mehr und mehr dem mittleren Selbst anzugleichen. Das mittlere Selbst wird von Tag zu Tag vertrauenswürdiger, und bald kommt die Zeit, da es aufsteigen kann auf die nächsthöhere Bewußtseins- und Lebensstufe, auf der es zu einem Hohen Selbst wird. Wer sich häufig durch das niedere Selbst über die Aka-Schnur mit dem Hohen Selbst verbindet, ist symbolisch unter dem »Joch« des Herrn – des Hohen Selbst.

Jedes der drei Selbste hat seine eigene Geistigkeit. Das niedere Selbst hat die Gabe der Erinnerung, das mittlere Selbst hat Vernunft und Urteilskraft, um klar zu erkennen, was um den Menschen vorgeht. Die Geistigkeit des Hohen Selbst scheint die Erinnerungsfähigkeit einzuschließen, über eine Urteilskraft weit höherer Art zu verfügen und imstande zu sein, die Vergangenheit und den einen Teil der Zukunft zu erkennen.

Wegen dieser Verschiedenheit der geistigen Kräfte können die beiden unteren Selbste das Hohe Selbst nicht ganz verstehen. Das Beste, was wir tun können, ist, daß wir – soweit unsere Einsichtskraft reicht – zu verstehen suchen, und dann einfach weitergehen ... in Liebe zu unserem gottgleichen Hohen Selbst und im heiteren Bewußtsein, daß Es uns immer liebt, gleich, ob wir Erfolg haben oder versagen, und daß Es stets bereit ist, auf unseren Anruf zu antworten und uns zu helfen, wenn wir darum bitten. Es liegt ganz an uns – den unteren Selbsten –, wenn Seiner Hilfe Schranken gesetzt werden.

Aufbau des Gebetes

Ein HUNA-Gebet zu verrichten setzt folgendes voraus:

1. Man muß mit seinem niederen Selbst vertraut sein und etwas von seinen Sympathien und Antipathien wissen. Man muß zu ihm ein auf Liebe, Verständnis und ruhiger Disziplin beruhendes Lehrer-Schüler-Verhältnis besitzen und ihm beigebracht haben, daß es vom mittleren Selbst Befehle entgegenzunehmen hat.

2. Das niedere Selbst muß gelernt haben, die ihm eigene Gabe der Telepathie zu entwickeln. Sodann muß es verstehen, auf Anweisung des mittleren Selbst Gedanken-Formtrauben längs der Aka-Schnüre auszusenden.

3. Das niedere Selbst muß gelernt haben, Hochaufladungen an Mana zu erzeugen. Ist es durch Übungen und sorgfältige Prüfungen entsprechend unterwiesen, so sollte ein Befehl an das niedere Selbst zur Zeit des Gebetes genügen, um die Aufladung mit Sicherheit zu bewirken.

Die Vorbereitungen zum Gebet waren bei den Kahunas von größter Wichtigkeit:

Man muß sich darüber klar werden, um was gebetet werden soll, und sich dessen bewußt sein, daß bei Erfüllung des Gebetswunsches für alle Beteiligten nur Gutes erwächst und niemand geschädigt wird. Man soll sich bereits in die Zukunft hineingedacht und sich vorgestellt haben, wie man unter den neuen Bedingungen und in der neuen Umwelt leben wird. Man muß nämlich ganz sicher sein, daß auch das niedere Selbst die angestrebten Bedingungen für durchaus wünschenswert hält und einsieht, daß sie den zu ihrer Verwirklichung erforderlichen Arbeitsaufwand rechtfertigen. Auch muß man alle aus der Erfüllung der neuen Verhältnisse resultierenden zusätzlichen Verantwortungen durchdacht und akzeptiert haben.

Man gestaltet ein geistiges Bild der zu verwirklichenden Bedingungen und sieht es real und als jetzt bereits existent. Doch lege man sich nicht allzu spezifisch darauf fest, wie die Resultate zustande kommen sollen. Dann nämlich bleibt es dem Hohen Selbst freigestellt, die gewünschten Bedingungen auf Seine Weise zu realisieren. Niemand kann das Hohe Selbst zwingen oder bestimmen, etwas zu tun. Man versuche nicht, das Hohe Selbst zur Gewährung eines Wunsches zu drängen, indem man mit aller zur Gebote stehenden Willenskraft die Bejahung festhält.

Die Kahunas pflegten sich beim Gebet das Gewünschte im Geiste klar und lebhaft auszumalen und es genau zu beschreiben. Die kurze Beschreibung wurde Wort für

Wort dreimal nacheinander gesprochen, während sie gleichzeitig einen Strom von Mana aussandten. Durch die Wiederholung des gründlich durchdachten und niedergeschriebenen Gebetes prägt sich dessen Bild dem niederen Selbst stark und eindeutig ein.

Nachdem das Wunschbild laut oder leise gesprochen wurde, beende man das Gebet mit der gleichen Präzision, mit der es begann. Vielleicht sagt man dabei einfach nur: »Ich danke Dir, liebender Vater, und lasse das Bild meines Gebetes in Deinen Händen. Lasse das Bild, das auf Deiner Ebene bereits Wirklichkeit ist, in Zukunft auch auf der irdischen Ebene Wirklichkeit werden. Lasse den Licht-Segen des hohen Manas niederfallen. Ich ziehe mich vom

Kontakt zurück. Das Gebet ist beendet. Amen.« Das verrichtete Gebet bleibt dem Hohen Selbst anvertraut.

Das HUNA-Gebet ähnelt den uns bekannten irdischen Wachstums-Vorgängen. Zuerst wird der Same, das Gedankenbild des Gebetswunsches, erzeugt. Dann muß der Same sorgfältig bewässert und sein Wachstum eine Zeitlang geschützt werden. Wir senden täglich Mana aus, um den Samen und die sich aus ihm bildende Pflanze zu bewässern. Zu gegebener Zeit kommt dann die Antwort auf das Gebet; sie ist die Frucht der Pflanze. Auf solche Art scheint sich der Schöpfungsvorgang universell zu vollziehen. Das Ei wird befruchtet, umhegt und ausgebrütet. Dann wird das Küken umsorgt und wächst zum

Huhn heran. Aber weder der Same noch das Ei, noch das Gedankenbild des Gebetswunsches kann mehr geändert werden, wenn man sich einmal festgelegt hat. Sonst nämlich kann niemals das gewünschte Ergebnis heranreifen. Das ist der Grund, warum bei einer Gebetsserie, in der man das dem Hohen Selbst übergebene »Saat«-Bild unverrückbar und unverändert festhält, der Erfolg von Tag zu Tag weiterwachsen muß, bis die Ernte kommt.

Woran merkt man aber nun, wann der Kontakt mit dem Hohen Selbst zustande kommt? Ein prickelndes Gefühl im ganzen Körper... Ein plötzlicher starker Strom von Freude, Liebe und Ehrfurcht. Ein sonderbares schwaches Gefühl im Solarplexus: Diese Stelle ist nach Auffassung der Kahunas das Zentrum des niederen Selbst für seine mentalen Aufgaben im Erinnerungsbereich und im Mana-Haushalt. Versteht man sich auf dieses Gefühl, so ist es ein zuverlässiges Zeichen dafür, daß der Kontakt zum Hohen Selbst so vollständig gebildet wurde, wie es der Grad der Offenheit oder der Versperrung der Aka-Schnur jeweils erlaubt. Häufig hat man neben dieser Empfindung noch das Gefühl, als legten sich Spinnweben über das Gesicht oder die Handrücken.

Bei der vielleicht gebräuchlichsten Art der Mitteilung seitens des Hohen Selbst »erhebt sich ein Gedanke in unserem Geiste«, wie die Kahunas es ausdrückten. Diese Erfahrung scheint die Annahme zu bestätigen, daß das Hohe Selbst in unserem Gemüt

Gedanken auslösen kann. Vielleicht läßt Es dabei Samen-Gedanken durch das niedere Selbst gehen, so daß wir meinen, wir hätten selbst über gewisse Dinge nachgedacht, während uns in Wirklichkeit diese Ideen in Erfüllung unseres Gebetes um innere Führung vom Hohen Selbst zugesandt werden. Wo große Kahunas oder gewaltige Errungenschaften das normale Maß menschlicher Schöpferkraft zu übersteigen scheinen, spricht man gewöhnlich von »Inspiration«. Vielleicht sagt auch jemand, es sei ihm eine Idee gekommen oder er habe sich veranlaßt gefühlt, dies oder das zu tun. Wenn sich nach einem Gebet zum Hohen Selbst ein »Gedanke in unserem Geiste erhebt«, der sich klar und nachdrücklich auf den Gegenstand unseres Gebetes bezieht, so sollte man ihn als Antwort ansehen und danach handeln.

Ein richtig und wirksam dargebrachtes Gebet hat nichts mit Bettelei zu tun. Das Gebet ist ein Bauen mit der ganzen Kraft des Urteils und der Erfahrung, deren das mittlere Selbst fähig ist. Schließlich ist es ein schöpferischer Akt, bei dem alle drei Selbste die ihnen zufallende Rolle spielen. Die Vergangenheit läßt sich nicht mehr ändern. Die Gegenwart entzieht sich unserem Zugriff. Die Zukunft aber ist unser. Sie können wir in jeder Hinsicht gestalten. Mit den großen Kahunas der ältesten Zeit können wir frohlockend ausrufen: »Siehe, ich werde alles neu machen.«

Der Fähigkeit des Hohen Selbst zur Änderung unserer Verhältnisse scheint keine

Grenze gesetzt zu sein. Alles scheint abzuhängen von der Menge an Mana, die wir dem Hohen Selbst zu geben vermögen, vorausgesetzt natürlich, daß das Bild des Gewünschten gut und stark ist.

Die lebenspendenden Geheimnisse des Lomilomi und das Auflegen der Hände

Nach den halb geschichtlichen Legenden des Südsee-Raumes bedienten sich in uralter Zeit die Heiler in Hawaii und ganz Polynesien oft einer physikalischen Behandlung als Hilfsmittel für das, was man heute »Geist-Heilung« nennen würde. Diese Behandlung hieß *lomilomi* und bestand aus einer Kombination von Bädern und tiefgreifenden, wohldurchdachten Maßnahmen: Beugen und Bewegen der Gelenke, Tiefenmassage und Reibbewegungen zur Verstärkung der Blutzirkulation sind wesentliche Bestandteile dieser alten Praxis. Alle diese Tätigkeiten wurden durch gedanklich-geistige Durchdringung zur Ganzheit abgerundet. Letztere unterstützte den Heilungsvorgang und half, Schmerzen zu beseitigen.

Würden wir heute schwedische Massage mit Bädern verschiedener Art, mit Chiropraktik und Osteopathie kombinieren und dabei Suggestionen erteilen und nach altem religiösem Brauch (zum Zwecke der Heilung) dem Patienten die Hände auflegen, so käme diese Kombination dem Lomilomi eines geschulten Kahunas schon ziemlich nahe.

Zuerst reinigte der Kahuna seinen Patienten mit aller Sorgfalt von Schuldgefühlen oder Schädigungen seines eigenen Körpers, die sich in seinem Unterbewußtsein festgesetzt hatten. Nach diesen Vorbereitungen lud er sich mit Mana auf und gestaltete wirkungsvolle Bilder des vollendeten Heilungszustandes. Diese Bilder präsentierte er dem Hohen Selbst und bat um dessen Hilfe. Faßte er den Patienten an – wobei oft die kranke oder verletzte Stelle massiert wurde –, so gingen Mana und »willensstarke«, hochaufgeladene Gedankenform-Trauben vollendeter Gesundheit auf den Patienten über; und während mehr und mehr Mana gebildet wurde, wartete der Kahuna darauf, daß das Hohe Selbst Sein Werk beginne und die Heilung vollziehe.

Die Erteilung einer Heilungssuggestion ging Hand in Hand mit der Anwendung eines »physischen Stimulans«. Das war etwas, das gesehen, gefühlt, ertastet oder auf irgendeine andere Weise über die Sinnesorgane vom niederen Selbst des Patienten wahrgenommen werden konnte und infolgedessen die Suggestion wirksam unterstützte. So wusch z. B. der Kahuna seinen Patienten kräftig mit Wasser ab, besprühte und bürstete ihn mit einem Bündel grüner Ti-Blätter, während er ihm gleichzeitig versicherte, daß er nun – nachdem er getanes »Unrecht« gutgemacht habe – von jeglicher noch übrig gebliebener »Schuld« sowie von aller Krankheit reingewaschen werde.

Es ist ein deutlicher Unterschied, ob eine Heilung oder die Wiederherstellung von Körpergeweben in normaler Weise erfolgt oder aufgrund einer Mana-Hochaufladung und eines entsprechenden »Willens«-Aktes. Die Erfahrung der medizinischen Wissenschaft lehrt, daß gewisse Körpergewebe nach Verletzungen nicht wieder in der ursprünglichen Weise, sondern – wenn überhaupt – durch Narbengewebe ersetzt werden. Bei der HUNA-Methode kann man nicht feststellen, wo hinsichtlich des Ausheilens die Grenze von Behandlungen liegt, bei denen große Mana-Mengen wiederholt in die kranke Stelle des Körpers eingebracht werden unter gleichzeitig entsprechender Anweisung an das niedere Selbst und möglicherweise in Verbindung mit einem eindrucksvollen Stimulans. Es braucht wohl nicht betont zu werden, daß mit der Hilfe des Hohen Selbst die Heilungsaussichten und -möglichkeiten ungleich größer sind.

Die Komplexbehandlung bei den Kahunas

Nicht nur das niedere Selbst kann von fixen Ideen oder Komplexen befallen werden, auch das mittlere Selbst ist zu ähnlichen Fixierungen fähig. Beispiele liefern Menschen, die sich zu einer Konfession bekennen und sich jeder andersartigen Meinung ängstlich verschließen. Weder neue Tatsachen noch neue Erkenntnisse, Erfahrungen oder Erfindungen können auf solche Menschen auch nur den geringsten Eindruck machen. Sie haben eine komplexartige Überzeugung oder Auffassung, die sowohl im niederen Selbst als auch im mittleren Selbst verankert ist. Kritisieren Sie die Konfession einer Person und beobachten Sie, welcher Art ihre Reaktion ist. Das niedere Selbst allein ist verantwortlich für emotionale Reaktionen. Das mittlere Selbst reagiert mit Logik und Vernunftgründen, sofern es nicht wie das niedere Selbst komplexen Ansichten verhaftet ist; ist das der Fall, so verlieren Vernunftgründe in gleichem Maße an Wirkung, wie die Emotion zunimmt.

Die Kahunas haben eine Methode entwickelt, die den Komplex auflöst: Nach ihrer Lehre sind Gedanken unsichtbare, reale, substantielle kleine Wesen. Wenn wir denken, erzeugen wir Gedankenformen (Aka). Jeder Gedanke wird zu einer permanenten Gedankenform. Gedanken begegnen uns immer in Ketten mit anderen assoziierten Gedanken. So reiht sich jeder Gedanke an Gedanken, die vor ihm waren und nach ihm kommen. Gedankengruppen werden auf einem Strom von Vitalkraft getragen. Wird eine Suggestion gegeben, so geht ein Strom von Vitalkraft vom Suggerierenden (Kahuna) auf den Suggestionsempfänger (Patienten) über: entweder durch Auflegen der Hände oder durch Kontakte, die durch Blicke oder den Klang der Stimme bewirkt wurden: Suggestion ist also das Einpflanzen starker Gedankenformen in das niedere Selbst des Suggestionsempfängers. Die Wirksamkeit der Suggestion hängt davon ab, ob ihre Gedankenform vom niederen Selbst des Suggestionsempfängers aufgenommen wird. Die Annahme einer Suggestion läßt sich wesentlich beschleunigen durch ein physisches Stimulans, das vom niederen Selbst mit seinen Sinnen wahrgenommen werden kann und es glauben läßt, daß etwas Echtes hinter der Suggestion steckt.

Es ist nicht nötig, nach dem ursprünglichen Komplex des Patienten zu suchen oder ihn zu analysieren. Auch ist es nicht wichtig, die Träume des Patienten nach Symbolen und Hinweisen zu erforschen. Der negative Komplex wird durch einen anderen, positiven Komplex in Gestalt einer Gedankenform ersetzt. Das Geheimnis ist, das niedere Selbst des Patienten dahin zu bringen, eine Suggestion auch dann anzunehmen, wenn sie sich gegen den eigenen Komplex richtet. Dies geschieht durch einen überwältigenden Einsatz von Vitalkraft. Die Kahunas sprechen von einer »Suggestions-Schockbehandlung«.

Psychometrie, Kristallomantie und Gedankenlesen

Psychometrie

Der Psychometrierende sitzt gewöhnlich still und berührt etwa einen Brief, einen Ring oder einen anderen Gegenstand, um auf psychischem Wege z. B. Geschehnisse aus der Vergangenheit des Gegenstandes zu ermitteln bzw. den Inhalt des Briefes oder Einzelheiten über den Schreiber und seinen Aufenthaltsort zu bringen.

Worauf ich besonders hinweisen möchte, ist die Tatsache, daß jemand, der diese Art

Magie ausübt, sich sozusagen längs der Schattenfäden, die mit dem Objekt verbunden sind, entlang tastet; er folgt ihnen bis zu ihrem Ende und findet dort die Dinge oder Menschen, die früher mit dem Gegenstand in Verbindung gewesen waren. War der Gegenstand z. B. ein Stein, der als Meteorit niederfiel, so führt die Schnur lediglich zum meteoritischen Ursprung des Steines hin.

Ossowiecki, einer der bedeutendsten, neuzeitlichen Kenner der Psychometrie, gibt eine ausgezeichnete Darstellung der Empfindungen, die er bei der Anwendung dieser Art von Magie hatte: »Ich beginne damit, daß ich das oberbewußte Denken ausschalte und meine ganze innere Kraft auf die Wahrnehmung spiritueller Empfindungen einstelle. Ich bejahe in mir das Wissen, daß die gewünschten Fähigkeiten sich kraft meines unerschütterlichen Glaubens an die spirituelle Einheit aller Menschen einstellen werden. Ich komme dann in einen neuen, eigenartigen Zustand, in welchem ich – unabhängig von Zeit und Raum – sehen und hören kann ... Ob ich dann einen verschlossenen Brief lese oder einen verlorengegangenen Gegenstand finde, die Empfindungen sind nahezu die gleichen. Es scheint, als ob meine Energie geringer wird; meine Temperatur erhöht sich, und meine Herzschläge werden unregelmäßig; sobald ich aufhöre, selbst aktiv zu denken, durchströmt etwas wie ein elektrischer Strom einige Sekunden lang meine Glieder. Nach ein paar Augenblicken tauche ich dann in eine große Helle ein … Bilder steigen in mir auf. Ich sehe dann die Person, die den Brief schreibt, und weiß, was sie schreibt. Oder den verlorenen Gegenstand im Augenblick, wo er verlorengeht, mit allen Details des Vorganges.«

Der als Kontaktobjekt dienende Gegenstand, der gewissermaßen Zeuge der vergangenen Ereignisse war, wirkt wie eine Art Stimmgabel und erzeugt automatisch in unserem Hirn die spezifische Schwingung, die den damaligen Ereignissen entspricht. Ist diese Schwingung abgestimmt auf denjenigen Teil des »kosmischen Bewußtseins«, der ebenfalls mit den betreffenden Ereignissen befaßt war, so entstehen zwischen dem menschlichen und dem kosmischen Bewußtsein artverwandte Schwingungen. Dadurch werden dann Gedankenbilder hervorgerufen, welche die betreffenden Ereignisse reproduzieren.

Kristallomantie

Kristallomantie ist ein sehr alter Zweig der Magie. Die Kahunas benutzten dazu oft einen rundlichen Stein, den sie in etwas Wasser in eine Kürbisschale legten. Sie spritzten Wasser über die gerundete Oberfläche des Steines, so daß sie glänzte, und starrten auf diese glänzende Fläche. Schon bald sahen sie dann charakteristische visuelle Bilder aufsteigen. Eine Kristallkugel ist also weder nötig noch wichtig. Jede reflektierende, gewölbte Fläche erfüllt den gleichen Zweck, so z.B. runde, wassergefüllte Behälter. Die Bilder, die sich dem völlig entspannten, erwartungsvoll Schauenden auf solchen Flächen bieten, weisen die Merkmale von Traumbildern auf; es sind keine tatsächlichen Bilder, die man fotografieren kann und die gleichzeitig von verschiedenen Personen wahrgenommen werden können.

Gedankenlesen

Die Erlernung des Gedankenlesens hat beim niederen Selbst zu beginnen. Im Sprachschatz der Kahuna-Lehre gibt es verschiedene Worte, um diesen Vorgang zu beschreiben. Zunächst bildet sich eine »Hand«, die sich der Person, mit der man in Kontakt kommen möchte, entgegenstreckt. Hat die »Hand« die Person erreicht, so ist es nötig, in deren Schattenkörper einzudringen, etwa wie ein Speer in einen dichten physischen Körper hineinstößt. Es sei betont, daß nach der HUNA-Lehre jeder sein Unterbewußtsein veranlassen kann, eine solche Annäherung abzuweisen.

Ist der Kontakt mit einem Subjekt hergestellt, das keinen Widerstand zeigt, so ist der nächste Schritt, daß ein Schattenstoff-Faden die beiden Individuen miteinander verbindet. Längs dieses Fadens fließt dann ein Strom niederen Manas. Über den so geschaffenen, elektrisch geladenen »Draht« schickt das Unterbewußtsein des Gedankenlesers einen winzigen Teil seiner Empfindungsorgane bis an das andere Ende und beobachtet, welche Gedanken durch den Kopf des Subjektes gehen. Diese Gedanken werden dann als Gedankenformen oder gedankliche Schattenkörper individuell nachgeformt, gehen mit dem Vitalkraft-Strom zum Gedankenleser und werden dem Bewußtsein seines mittleren Selbst präsentiert. Auf diese Weise werden die Gedanken der Versuchsperson dem durch sein mittleres Selbst verkörperten Gedankenleser kund.

Wie die Kahunas Winde, Wetter und Haie durch Magie beherrschten

Hawaiische Legenden berichten davon, daß die Ureinwohner der Inseln über die See in großen Doppelkanus kamen, die von magischen Kräften getrieben wurden. Es handelte sich dabei um die gleiche Art von Magie, die den Führer Hawaii Loa befähigte, über den halben Erdball hinweg die Inselgruppe zu erschauen, die sich das Volk später als neue Heimat wählte. Mit der gleichen Magie wurden Winde und Wogen so gut beherrscht, daß die gebrechlichen Fahrzeuge der Auswandererflotte nicht verlorengingen.

Wiederum die gleiche Magie wird in anderer Form dazu benutzt, bestimmenden Einfluß auf Haie und andere Geschöpfe des Meeres auszuüben. Dieser Anwendung liegt die Theorie zugrunde, daß ein mittleres Selbst, das sich zu einem Hohen Selbst emporentwickelt hat, eine gewisse »Lehrzeit« durchzumachen hat, in der es als Wächter über Teile der niederen Schöpfung zu wachen hat. Diese Geistwesen sind Träger eines höheren Bewußtseins, das man bei Kristallen, in Pflanzen, bei Insekten, Vögeln, Fischen und anderen Tieren an der Arbeit findet. Sie sind auch die Quelle des Instinktes, der z. B. die Biene befähigt, ihre Wabe zu bauen, und der die Vögel ihre zweckgerechten und oft künstlerisch schönen Nester bauen läßt.

Da alle Hohen Selbste eng miteinander in Verbindung stehen, kann die Bitte um Wetterbeeinflussung über das eigene Hohe Selbst erfolgen. Dieses gibt dann die Bitte vermutlich an dasjenige Hohe Selbst weiter, das in der betreffenden Gegend das Wettergeschehen lenkt. Es gab ein System, um mit den wetterbestimmenden Göttern in Kontakt zu kommen. Ein Kahuna, der ein solches Geistwesen kannte und einen verbindenden Schattenfaden zur Übermittlung seiner Gebete zu Ihm besaß, konnte Kahuna-Anwärter bei diesem Geiste einführen und ihnen helfen, auch ihrerseits Schattenkörperfäden zur Verbindung mit diesem Geistwesen herzustellen.

Freier Wille und Schaffung der Zukunft

Die Einstellung der Kahunas zur Frage »freier Wille oder Prädestination« gründet sich darauf, daß das Hohe Selbst eines jeden von uns über eine Art Geistigkeit oder Mentalkraft verfügt, die der unsrigen weit überlegen ist. Diese Geistigkeit reicht sogar so weit, daß sie das Hohe Selbst u. a. befähigt, den bereits kristallisierten, verdichteten oder konsolidierten Teil der Zukunft zu erkennen. Ein großer Teil der Zukunft ist noch im Werdezustand, also noch nicht kristallisiert, noch nicht verfestigt. Dieser Teil der Zukunft kann daher auch nicht vorausgesehen werden. Am weitesten im voraus kristallisieren sich die großen Weltereignisse. Bezogen auf das Leben des einzelnen verdichten sich am frühesten lange durchgehende und tief einschneidende Ereignisse wie etwa Ehe, schwere Unfälle und Tod; sie können langfristig vorausgesehen werden.

Die Kahuna-Lehre befaßt sich vor allem mit dem freien Willen des niederen und mittleren Selbst während des Lebens im menschlichen Körper. Das Hohe Selbst ist gehalten, den niederen Selbsten die Ausübung ihres freien Willens zu gewähren und sie durch Erfahrung lernen zu lassen, sofern sie nicht die Führung und Hilfe des

Hohen Selbst wünschen. In diesem Falle greift das Hohe Selbst in die Angelegenheit des Menschen ein. Nur bei der Planung der langfristigen und bedeutendsten Ereignisse des menschlichen Lebens scheint der freie Wille verneint zu werden. Selbst dann aber ist es möglich, den schweren Auswirkungen solcher Ereignisse in gewissem Grade zu entgehen, wenn entsprechende Maßnahmen zu deren Abwendung oder Änderung ergriffen werden.

Die Schaffung der Zukunft hängt nach der Lehre der Kahunas von den Wünschen und Plänen der beiden niederen Selbste ab. Diese Wünsche und Pläne (leider auch unsere Befürchtungen) werden in Gedankenformen aus Schattenkörpersubstanz umgeformt und vom Hohen Selbst durch einen anscheinend automatischen Prozeß zur Ausrichtung und Konstruktion der Zukunft des betreffenden Individuums benutzt. Wie dieser Mechanismus im einzelnen abläuft, ist unbekannt, da sich der Prozeß ja auf einer höheren Bewußtseinsstufe, weit oberhalb des menschlichen Denkniveaus, vollzieht. Doch sprachen die Kahunas von den Gedankenformen als »Saatgut«, welches vom Hohen Selbst aufgenommen wird, um es zu zukünftigen Ereignissen und Umständen heranwachsen zu lassen.

Die Kahunas hielten es für außerordentlich wichtig, daß sich jeder Mensch so häufig wie möglich Zeit nimmt, über sein Leben nachzudenken und sich in ganz klaren Begriffen zu entscheiden, was er tun will und welche Art Entwicklung er zu verwirklichen wünscht. Oft neigt man dazu, das Steuer seines Lebensschiffes dem niederen Selbst anzuvertrauen. Das ist aber gefährlich, da das niedere Selbst unter der Herrschaft der animalischen Welt steht, wo die Dinge in anti- oder illogischer Weise und gewissermaßen wie zufällig entstehen. Es ist Sache und Pflicht des mittleren Selbst, als Führer für das niedere Selbst einzutreten und seine induktive Urteilskraft und seinen Willen zur Kontrolle des niederen Selbst bei der Planung der Lebensaufgaben einzusetzen; es hat ferner dafür zu sorgen, daß alle Anstrengungen gemacht werden, diese Pläne zu verwirklichen. Die Kahunas der alten Zeit widmeten einen Teil ihrer magischen Praxis der Erkenntnis der kristallisierten Zukunft, die vor ihren Mitmenschen lag, sowie der Durchführung von Maßnahmen, um sie, falls nötig, so zu modifizieren, daß sie erträglicher wurde.

Die Kahunas lehrten, daß es einen Idealzustand gibt, nach dem der einzelne streben soll, einen Zustand, in dem die Hilfe und Führung des Hohen Selbst erbeten und zuteil wird und in dem der Mensch in seinen Handlungen den Richtlinien des Hohen Selbst folgt. Das oberste Gesetz des Lebens, das es zu befolgen gilt, erblickten die Kahunas darin, daß man Mitmenschen nicht verletzen und ihnen keinen Schaden zufügen darf. Die Lehre schloß den liebenden Dienst am Nächsten ein. Liebe vereinigt die Menschen zum großen Werke des Guten zum Nutzen aller. Ziel ist die Heilung von Körper und Geist und die Besserung sozialer und wirtschaftlicher Umweltbedingungen. Daß wir an der Schwelle eines neuen Zeitalters stehen, mag man daran erkennen, daß das so lange gehütete uralte HUNA-Geheimnis nun der Erkenntnis aller zugänglich geworden ist.

QUELLENNACHWEIS

Max F. Long: *Kahuna-Magie. Das Wissen um die weise Lebensführung*. Deutsch von F. Walter. © by Verlag Hermann Bauer KG, Freiburg im Breisgau 1995 (10. Aufl.).

Die amerikanische Originalausgabe erschien unter dem Titel *The secret science at Work*, © by Huna Research Publications, Vista/Calif., © by Max Freedom Long.

Max F. Long: *Geheimes Wissen hinter Wundern. Huna – die Wiederentdeckung eines uralten Systems anwendbarer und wirksamer Magie.* Deutsch von F. Walter. © by Verlag Hermann Bauer KG, Freiburg im Breisgau 1996 (7. Aufl.).

Die amerikanische Originalausgabe erschien unter dem Titel *The Secret Science Behind Miracles.* © by Huna Research Publications, Vista/Calif., © by Max Freedom Long.

Nahrung für die Seele
In gleicher Ausstattung sind erschienen:

J. E. Berendt
Höre, so wird deine Seele leben
ISBN 3-7626-0597-1

Erika J. Chopich / Margaret Paul
Entdecke dein inneres Kind
ISBN 3-7626-0552-1

Tom Johanson
Die Gesetze des Glücks
ISBN 3-7626-0577-7

Paul Salim Kluwer
Jeden Tag ein bißchen weiser
ISBN 3-7626-0720-6

Jiddu Krishnamurti
Glück oder die Stille des Geistes
ISBN 3-7626-0550-5

Max F. Long
Weisheit der Kahunas
ISBN 3-7626-0743-5

Verlag Hermann Bauer · Freiburg im Breisgau

Nahrung für die Seele
In gleicher Ausstattung sind erschienen:

Jennifer Louden

Das kleine Wohlfühlbuch für Frauen
ISBN 3-7626-0553-X

Das kleine Wohlfühlbuch für Paare
ISBN 3-7626-0590-4

Das kleine Wohlfühlbuch für Schwangere
ISBN 3-7626-0744-3

Douglas Monroe
Das Beste aus Merlyns Lehren
ISBN 3-7626-0554-8

Perlen der Bhagavadgita
ISBN 3-7626-0591-2

Linda Roethlisberger
In Kontakt mit der inneren Stimme
ISBN 3-7626-0721-4

K. O. Schmidt
Schönheit des Alters
ISBN 3-7626-0578-5

Verlag Hermann Bauer · Freiburg im Breisgau

Nahrung für die Seele
In gleicher Ausstattung sind erschienen:

Starhawk
Die Kraft der Großen Göttin
ISBN 3-7626-0745-1

Wighard Strehlow
Hildegard von Bingen –
Von der Heilkraft der Seele
ISBN 3-7626-0579-3

Sun Tsu
Unbesiegbarkeit durch innere Meisterschaft
ISBN 3-7626-0555-6

Rabindranath Tagore
Das Herz Gottes
ISBN 3-7626-0724-9

Masaharu Taniguchi
Das Gesetz des Herzens
ISBN 3-7626-0551-3

Verlag Hermann Bauer · Freiburg im Breisgau

Nahrung für die Seele
In gleicher Ausstattung sind erschienen:

Jennifer Louden
Das kleine Wohlfühlbuch für Frauen
ISBN 3-7626-0553-X
Das kleine Wohlfühlbuch für Paare
ISBN 3-7626-0590-4
Das kleine Wohlfühlbuch für Schwangere
ISBN 3-7626-0744-3

Douglas Monroe
Das Beste aus Merlyns Lehren
ISBN 3-7626-0554-8

Perlen der Bhagavadgita
ISBN 3-7626-0591-2

Linda Roethlisberger
In Kontakt mit der inneren Stimme
ISBN 3-7626-0721-4

K. O. Schmidt
Schönheit des Alters
ISBN 3-7626-0578-5

Verlag Hermann Bauer · Freiburg im Breisgau

Nahrung für die Seele
In gleicher Ausstattung sind erschienen:

Starhawk
Die Kraft der Großen Göttin
ISBN 3-7626-0745-1

Wighard Strehlow
Hildegard von Bingen –
Von der Heilkraft der Seele
ISBN 3-7626-0579-3

Sun Tsu
Unbesiegbarkeit durch innere Meisterschaft
ISBN 3-7626-0555-6

Rabindranath Tagore
Das Herz Gottes
ISBN 3-7626-0724-9

Masaharu Taniguchi
Das Gesetz des Herzens
ISBN 3-7626-0551-3

Verlag Hermann Bauer · Freiburg im Breisgau